导读

入青诗选

语文九年级（上） 名著阅读指定书目

刘俐莉 ：主编

付天骄 ：编著

作家出版社

丛书策划：郑建华　李　雯
总 主 编：刘俐莉

编　委

总 主 编: 刘俐莉

　　复旦大学中国现当代文学博士,北京师范大学文学院博士后,现为北京第二外国语学院副教授,兼任北京阅易精读课程总顾问和设计师。发表《苦难叙事与 20 世纪文学》《城人传奇》等学术论文多篇;出版学术专著《战争苦难与女性成长》;参编多部通识课程教材。自 2015 年致力于中小学整本书阅读指导与研究,至今已 8 年有余,共设计开发 200 多部中小学整本书教程。

本册主编: 胡　静

　　陕西师范大学硕士。现任西安市未央区方新小学语文教师,发表多篇教育相关论文。北京阅易精读教研中心教研员。

序：如何成为会思考的阅读者？

对于成长期的孩子来说，为什么要多读书？

这是因为通过阅读，孩子们可以获得三种基本能力：

第一是获取信息的能力；

第二是获取信息后进行整合分析的能力；

第三是换位思考及批判反思的能力。

有了这些能力，不管是在求学阶段的应试中，还是以后的工作与生活的应用中，阅读都能够成为孩子人生的最好助力。

但读书绝不只是数量的积累，读书质量的提升更重要，关键是要读好书。什么样的书是好书？好书的标准不好认定，不过，那些经历了时间的沉淀、能够给人启迪、带领阅读者思考的一定是好书。这一次我们选择的一组作品，既有代表着中国古人智慧与思考的古典名著《西游记》《水浒传》《儒林外史》，也有代表着现代文化与思想的《朝花夕拾》《骆驼祥子》《红星照耀中国》《艾青诗选》《经典常谈》，还有外国经典名著《钢铁是怎样炼成的》《海底两万里》《简·爱》《昆虫记》。从体裁上看，有小说、散文、诗歌、报告文学等，能够让孩子们感受不同类型作品的魅力，养成不同类型作品的阅读方法。

阅读有方法。明代教育家朱熹说：读书有三到，谓心到、眼到、口到。这是说读书心要悟到，眼要看到，口要读到。晚清政治家兼学问家曾国藩说：盖士人读书，第一要有志，第二要有识，第三要有恒。这是要求读书要有志向，有见识，并且要持之以恒。这些是古人总结的读书方法。掌握了好的读书方法，阅读才能有效。

编写这套书，我们希望带领孩子们获得有效阅读的方法，得到实现有效阅读的抓手。为此，一批已经从事整本书阅读研究与教学多年的专业老师精心编写了阅读指导手册，还录制了配套的音频和视频微课。在阅读的同时，使用阅读指导手册和微课，会让阅读变得更有效。

具体做法如下：

1. 跟着原著读，与文字亲密接触，这是开启阅读的根本。

阅读，要有阅有读，阅读原著是重中之重。我们这套书中的每本书都有相应的注释，能够帮助孩子解决一些有难度的字词问题，在注释的辅助下，文字就变得容易理解。

2. 跟着阅读规划读，让阅读有计划，这是完成阅读的保障。

读有难度的名著，尤其是大部头名著是需要勇气的，因为要花费更多时间，调动更多的思考。如何把一部大部头读薄？最好的方法就是阅读有规划。在合理的阅读规划的引导下，将阅读任务进行拆解，每天安排半个小时的时间进行阅读，把阅读计划具体到每一天，既能培养良好的阅读习惯，又能很好地完成阅读任务。

3.跟着知识链接读，让阅读变得有深度，这是提升理解能力的关键。

读懂文字只是思考的起点，我们还为每本书配套了知识链接，专业指导老师把每一本书的相关知识和资料都摘录出来，作为辅助阅读的重要部分。有了这些资料的梳理，阅读会变得简单，读懂一本书的目标就更容易达成。

4.跟着阅读练习动动手，让阅读更有效。

伴随着阅读节奏，我们为每本书都配套了对应章节的练习内容，这些内容包含文本信息、延伸思考、片段的阅读理解，这些能力也是语文考试中的考察要点。完成这些练习题，孩子们既完成了有效阅读，又锻炼了考试能力。

由于很多省区都将整本书阅读纳入了中考范畴，我们在最后一部分梳理了中考的考点，并整理了中考试题，以帮助孩子们应对中考。

5.跟着微课读，让阅读更立体。

如果这些文字的呈现还不足以辅助孩子们完成阅读的话，请你打开微课视频，在微课视频中，有阅读方法的细致讲解，有整本书内容的详细分析，更有使用思维导图对一本书的重点拆解，以及考点讲解，等等。微课采用了动画的方式，让阅读变得生动立体。

总之，希望孩子们能够读懂一本书，真正爱上读书，学会阅读，学会思考，成为会思考的阅读者。

刘俐莉

目　录

《艾青诗选》以四个年代为划分标志，收录了艾青不同时期的诗歌作品。艾青的诗歌富有五四运动的战斗精神和饱满的进取精神，而且有精美创新的艺术形式，是中国现代诗歌的代表。

　　作为现代诗人，艾青的诗歌与古人所写诗歌有什么区别？他的诗歌关注什么内容？通过这些诗歌，诗人想表达什么样的情感？让我们带着这些问题，赶紧翻开《艾青诗选》，开启阅读吧！

阅读方法指导

一、现代诗歌的阅读方法

中国是诗歌大国，诗歌发展的历史非常悠久，根据诗歌产生的时间、风格的差异，基本分为两大类：一类是古典诗歌，一类是现代诗歌。艾青的诗歌属于现代诗歌，是以白话文为载体，形式相对比较自由。在阅读现代诗的时候，具有阅读诗歌的一般规律。

那么，如何理解一首现代诗歌呢？基本方法如下：

（一）朗读法

朗读对于培养、塑造和重构语感有重要作用，通过朗读，读者可以感受语言的魅力，并且体味情感。和古典诗歌一样，现代诗歌具有一定的音乐感和韵律感，读起来朗朗上口，通读过程能更好地体味诗歌的音乐感。

（二）咀嚼法

与小说相比，诗歌的字数虽然少，但表达的内涵却很丰富，这就是宋代诗歌评论家严羽提出的一个观点："言有尽而意无穷。"（宋·严羽《沧浪诗话·诗辨》）诗歌的语言比较跳跃，尤其是现代诗歌，它往往打破语言的常规表达方法，追求新的语言表达规则，即语言的陌生化。所以在阅读的时候需要细细体味，反复咀嚼，才能深入理解。

不管面对古典诗歌，还是现代诗歌，都可使用以上两种方法。在此基础上，还可以使用一些具体方法来辅助理解，下面我们将以《艾青诗选》为例，来分析现代诗歌的阅读方法。

1. 查资料，了解诗人的创作背景

了解诗歌的创作背景，才能回到诗人的时代，与诗人达到思想和心灵上的共鸣。《艾青诗选》中最具有代表性的一首是《大堰河——我的保姆》，这首诗歌写于 1933 年，是艾青的成名作，写这首诗歌的时候，艾青才二十三岁，当时因为加入左翼美术联盟被关在监狱中。知道了这个背景，我们就能初步设想一下艾青的心情——他一定是悲愤而无奈的。这种悲愤的心情一定要有所寄托，诗人通过什么寄托这种心情呢？这就关系到了诗歌的意象。

2. 体会意象

意象是在诗中包含诗人主观情感的事物。诗人总会创造出富有表现力的意象，从而传达出独特的情感。读诗，要透过诗歌中的意象，才能理解诗歌的深层内涵。

在《大堰河——我的保姆》这首诗歌中，承载情感的是一个人物形象——大堰河。大堰河是谁呢？诗歌第一段就告诉我们：

> 大堰河，是我的保姆。
> 她的名字就是生她的村庄的名字，
> 她是童养媳，
> 大堰河，是我的保姆。

那么，大堰河发生了什么？诗人为什么要为大堰河写一首诗歌呢？
接下来，诗人就告诉了我们原因：

> 我是地主的儿子；
> 也是吃了大堰河的奶而长大了的
> 大堰河的儿子。
> 大堰河以养育我而养育她的家，
> 而我，是吃了你的奶而被养育了的，

大堰河啊，我的保姆。

大堰河，今天我看到雪使我想起了你：
你的被雪压着的草盖的坟墓，
你的关闭了的故居檐头的枯死的瓦菲，
你的被典押了的一丈平方的园地，
你的门前的长了青苔的石椅，
大堰河，今天我看到雪使我想起了你。

你用你厚大的手掌把我抱在怀里，抚摸我；
在你搭好了灶火之后，
在你拍去了围裙上的炭灰之后，
在你尝到饭已煮熟了之后，
在你把乌黑的酱碗放到乌黑的桌子上之后，
在你补好了儿子们的为山腰的荆棘扯破的衣服之后，
在你把小儿被柴刀砍伤了的手包好之后，
在你把夫儿们的衬衣上的虱子一颗颗地掐死之后，
在你拿起了今天的第一颗鸡蛋之后，
你用你厚大的手掌把我抱在怀里，抚摸我。

从这三段中，我们可以总结出：
（1）"我"是地主的孩子，但"我"来到了大堰河的家里生活；
（2）大堰河生活很贫穷，非常辛劳，如今已经离开了人世；
（3）大堰河对我很爱护。
接下来，诗人又极力描写了大堰河在世时受过的苦：

大堰河，含泪地去了！
同着四十几年的人世生活的凌侮，
同着数不尽的奴隶的凄苦，
同着四块钱的棺材和几束稻草，
同着几尺长方的埋棺材的土地，

同着一手把的纸钱的灰，

大堰河，她含泪地去了。

    大堰河这个人物形象不仅仅是"我"的保姆，一个普普通通的劳动女性，更可以升华为所有受苦受难的中国农民的代表，也有人觉得是祖国母亲的代表。

    1935年，艾青被释放出狱，他开始以诗歌为武器，开启了不间断的诗歌创作。诗歌的主要意象有土地、太阳、火把、黎明等。许多诗歌直接以意象作为题目，如《太阳》《火把》，而《黎明》《黎明的通知》《启明星》《光的赞歌》等则和黎明有关；《复活的土地》《北方》《旷野》《雪落在中国的土地上》《我爱这土地》则和土地有关，诗人也因此被称为"太阳与火把"的歌手。因为太阳、火把、黎明都和光明有关，可以合并在一起，所以一般认为艾青诗歌的核心意象有两个，就是土地和太阳。

    1937年，艾青写了一首诗歌，名字叫《复活的土地》，土地在诗人笔下有什么特点？我们来读一读诗歌：

腐朽的日子
早已沉到河底，
让流水冲洗得
快要不留痕迹了；

河岸上
春天的脚步所经过的地方，
到处是繁花与茂草；
而从那边的丛林里
也传出了
忠心于季节的百鸟之
高亢的歌唱。

播种者呵
是应该播种的时候了，

为了我们肯辛勤地劳作

大地将孕育

金色的颗粒。

就在此刻，

你——悲哀的诗人呀，

也应该拂去往日的忧郁，

让希望苏醒在你自己的

久久负伤着的心里：

因为，我们的曾经死了的大地，

在明朗的天空下

已复活了！

——苦难也已成为记忆，

在它温热的胸膛里

重新漩流着的

将是战斗者的血液。

  这首诗歌写于诗人乘坐列车的路上，在车厢里，诗人眺望着路上的风景，他看到了什么呢？前两节描写了一路上看到的风景，他看到了河流、繁花、茂草，听到了鸟儿的歌声。第三节是诗人的联想，看到这么美好的景象，他就联想到这是播种的季节了，相信只要人们愿意辛勤劳作，就一定能让大地孕育金色的颗粒。第四、第五节则回到诗人的身上，诗人告诫自己要忘记往日的忧郁，要心怀苏醒的希望，更要坚信：只要我们的胸膛里流淌着战斗的血液，就一定能够让这片曾经死去的土地复活，会让苦难成为记忆。对应着开头的一句：腐朽的日子，早已沉到河底。这里腐朽的日子既是指过去的冬天，也是指过去的苦难的中国。土地的意象很简单，就是中国大地，就是中华民族。

  那么，太阳在艾青笔下有什么特点？我们来看一看《太阳》这首诗歌：

从远古的墓茔

从黑暗的年代

从人类死亡之流的那边

震惊沉睡的山脉

若火轮飞旋于沙丘之上

太阳向我滚来……

它以难遮掩的光芒

使生命呼吸

使高树繁枝向它舞蹈

使河流带着狂歌奔向它去

当它来时，我听见

冬蛰的虫蛹转动于地下

群众在旷场上高声说话

城市从远方

用电力与钢铁召唤它

于是我的心胸

被火焰之手撕开

陈腐的灵魂

搁弃在河畔

我乃有对于人类再生之确信

这首诗歌同样写于 1937 年。诗歌的第一节描写了太阳是如何诞生的，它从远古的墓茔、从人类死亡之流的那边、穿过黑暗的年代滚来，如此一来，艾青笔下的太阳就有了打破黑暗和死亡的力量；诗歌第二、三节描写了太阳所带来的，是以光芒照亮生命，高树开始舞蹈，河流开始奔腾，蛰居的虫蛹开始转动，城市开始新兴，从而带来了现代的文明；最后一节则描写了太阳给诗人带来了什么，太阳让诗人感受到了人类再生的力量，感受到革新一切的力量。

当然，艾青诗歌中的意象不仅仅有这些，除了土地、太阳这些大的意象，生活中的一切都能成为诗人的描写对象，借助它们传达不同的情感。

我们读一首《芦笛》，看看诗人是怎么描写芦笛的。

芦 笛

——纪念故诗人阿波里内尔

我从你彩色的欧罗巴①
带回了一支芦笛,
同着它,
我曾在大西洋边
像在自己家里般走着,
如今
你的诗集"Alcool"②是在上海的巡捕房里,
我是"犯了罪"的,
在这里
芦笛也是禁物。
我想起那支芦笛啊,
它是我对于欧罗巴的最真挚的回忆,
阿波里内尔君,
你不仅是个波兰人,
因为你
在我的眼里,
真是一节流传在蒙马特的故事,
那冗长的,
　　惑人的,
由玛格丽特震颤的褪了脂粉的唇边
吐出的堇色的故事。
谁不应该朝向那
白里安和俾士麦③的版图
吐上轻蔑的唾液呢——

---

① 欧罗巴: Europe 的音译, 即欧洲。
② Alcool: 法文, 酒。即《酒精集》。
③ 俾士麦: 即俾斯麦。

那在眼角里充溢着贪婪，

卑污的盗贼的欧罗巴！

但是，

我耽爱着你的欧罗巴啊，

波特莱尔①和兰布②的欧罗巴。

在那里，

我曾饿着肚子

把芦笛自矜地吹，

人们嘲笑我的姿态，

因为那是我的姿态呀！

人们听不惯我的歌，

因为那是我的歌呀！

滚吧

你们这些曾唱了《马赛曲》，

而现在正在淫污着那

光荣的胜利的东西！

今天，

我是在巴士底狱里，

不，不是那巴黎的巴士底狱。

芦笛并不在我的身边，

铁镣也比的歌声更响，

但我要发誓——对于芦笛，

为了它是在痛苦地被辱着，

我将像一七八九年似的

向灼肉的火焰里伸进我的手去！

在它出来的日子，

将吹送出

---

① 波特莱尔：即波德莱尔（Charles Baudelaire，1821—1867），法国十九世纪著名现代派诗人，象征派诗歌先驱，代表作《恶之花》。

② 兰布：即兰波（Jean Nicolas Arthur Rimbaud，1854—1891），法国十九世纪著名诗人，早期象征主义诗歌的代表人物，超现实主义诗歌的鼻祖。

对于凌侮过它的世界的
毁灭的咒诅的歌。
而且我要将它高高地举起，
在悲壮的 Hymne①
把它送给海，
送给海的波，
粗野地嘶着的
海的波啊！

这首诗歌写于 1933 年狱中，一气呵成，全无停顿，从而让我们感受到诗人扑面而来的情感。诗人告诉读者，诗歌是为了纪念法国诗人阿波里内尔而写，芦笛这个意象源自阿波里内尔的话："当年我有一支芦笛，拿法国大元帅的节杖我也不换。"法国大元帅的节杖代表着权力，芦笛则代表着自由，诗人通篇都在控诉失去自由的悲愤心情。《马赛》《铁窗里》《一个拿撒勒人的死》也同样表达了艾青对于自由的追求，对压迫的批判与反抗。

我们再来看一首艾青的《笑》，诗人笔下写了什么样的笑？笑代表着什么？

笑

我不相信考古学家——

在几千年之后，
在无人迹的海滨，
在曾是繁华过的废墟上
拾得一根枯骨
——我的枯骨时，
他岂能知道这根枯骨
是曾经了二十世纪的烈焰燃烧过的？

---

① Hymne：法文，颂歌。

又有谁能在地层里
寻得
那些受尽了磨难的
牺牲者的泪珠呢?
那些泪珠
曾被封禁于千重的铁栅,
却只有一枚钥匙
可以打开那些铁栅的门,
而去夺取那钥匙的无数大勇
却都倒毙在
守卫者的刀枪下了

如能捡得那样的一颗泪珠
藏之枕畔
当比那捞自万丈的海底之贝珠
更晶莹,更晶莹
而彻照万古啊!

我们岂不是
都在自己的年代里
被钉上了十字架么?
而这十字架
决不比拿撒勒人所钉的
较少痛苦。

敌人的手
给我们戴上荆棘的冠冕
从刺破了的惨白的前额
淋下的深红的血点,
也不曾写尽
我们胸中所有的悲愤啊!

诚然

我们不应该有什么奢望，

却只愿有一天

人们想起我们，

像想起远古的那些

和巨兽搏斗过来的祖先，

脸上会浮上一片

安谧而又舒展的笑——

虽然那是太轻松了，

但我却甘愿

为那笑而捐躯！

　　这首诗歌写于 1937 年，是一首献给革命者的颂歌。诗歌铺陈了很多苦难，直到最后一段才出现了笑。笑代表着胜利，代表着革命的成功，代表着革命者战胜一切的勇敢的精神。

3. 推敲词句

　　诗歌的语言与日常语言相比，更为精练优美，更有利于情感的抒发，所以要细细推敲，用心体会。艾青的诗歌语言常常表现出简洁明快的特点，呈现出散文化、口语化的风格，诗中含有大量的设问、呼告、对话、引语等，极大地增强了诗歌的真切感和表现力。我们以一首《煤的对话》为例，分析诗歌的语言：

煤的对话
　　——A-Y.R.[①]

你住在哪里？

我住在万年的深山里

[①] A-Y.R.：致又然。又然即作家李又然，是艾青的同乡及同学。

012

我住在万年的岩石里

你的年纪——

我的年纪比山的更大
比岩石的更大

你从什么时候沉默的？

从恐龙统治了森林的年代
从地壳第一次震动的年代

你已死在过深的怨愤里了么？

死？不，不，我还活着——
请给我以火，给我以火！

这首诗写于1937年春，诗歌使用了拟人的手法，让煤与诗人对话，四问四答，看起来是很日常的对话，但一步一步展现出煤的独特之处：长期埋藏在地下；埋藏了很多年；一直默默无闻，似乎从不抗争；然而它只是在等待，等待着让自己发光发热的火。遇到了火，会怎么样呢？这就需要读者用想象去填补。

这首诗歌代表着艾青诗歌的典型特征——通俗易懂，语言凝练，散文化口语化，形式简洁，但却饱含激情。一般用最后一句话升华整首诗歌的情感，让我们感受到煤已经隐藏了万年的迸发力。

4. 品味音韵

诗歌的分行造就了诗句的独立和诗意的空白，同时强化了节奏，增强了表现力。虽然不同于古典诗歌，现代诗歌一般不追求严格的格律和押韵，但大部分诗歌也追求抑扬顿挫的节奏，这是一种新的音韵。

艾青的大部分诗歌在形式上很自由，较少注意诗句的韵脚和字数、行数的整齐划一，但却常常运用有规律的排比复沓，形成独特的节奏美。我们读一首他的短诗《帐篷》，感受一下其节奏之美：

帐　篷

哪儿需要我们，
就在哪儿住下，
一个个帐篷，
是我们流动的家；

荒原最早的住户，
野地最早的人家，
我们到了那儿，
就激起了喧哗；

探索大地的秘密，
要把宝藏开发，
架大桥、修铁路，
盖起高楼大厦；

任凭风吹打，
我们爱自己的家，
它是这样的敏锐，
反映祖国的变化；

换一次工地，
就搬一次家，
带走的是荒凉，
留下的是繁华。

这首诗歌四行一段，通篇以"a"为韵，每一段第二句和第四句，都押韵:"下""家""家""哗""发""厦""家""化""家""华",形成音乐感。除了韵律外,诗歌中还有很多形式相似的组句,比如"荒原最早的住户,/ 野地最早的人家""带走的是荒凉,/ 留下的是繁华",还有字数相同的组句,如"哪儿需要我们,/ 就在哪儿住下""我们到了那儿,就激起了喧哗""换一次工地,/ 就搬一次家",读起来朗朗上口,能感受到诗人快乐的心情。

5. 体味情感

《毛诗序》中说:"情动于中而形于言。言之不足,故嗟叹之;嗟叹之不足,故永歌之;永歌之不足,不知手之舞之足之蹈之也。"这句话就是在强调诗歌是对情感的抒发。一首诗歌,穿过意象、语言、音律和形式,最终目的是表达情感,与读者形成共鸣。

就艾青的诗歌而言,有的诗歌直抒胸臆,最具代表性的是这首《我爱这土地》:

> 假如我是一只鸟,
> 我也应该用嘶哑的喉咙歌唱:
> 这被暴风雨所打击着的土地,
> 这永远汹涌着我们的悲愤的河流,
> 这无止息地吹刮着的激怒的风,
> 和那来自林间的无比温柔的黎明……
> ——然后我死了,
> 连羽毛也腐烂在土地里面。
>
> 为什么我的眼里常含泪水?
> 因为我对这土地爱得深沉……

本诗作于 1938 年 11 月,当时中国正在遭受日寇铁蹄的践踏,联系到这一诗歌创作背景,我们应该能想象诗人的心情。

整首诗以"假如"领起,诗人设想自己是一只眷恋着土地的鸟,那么鸟儿会用什么样的方式表达对土地的热爱?用"嘶哑"的喉咙为它歌唱,用死去的身躯滋润着它。最后两句，诗人回到现实，使用了一个设问句，自问自答，"为什么我的眼里常含泪水？因为我对这土地爱得深沉……"这两句直抒胸臆，把情感推到了最高峰。

有的诗歌则含蓄理性，需要细细体会与分析，才能理解诗歌所要表达的情感和主题。比如《镜子》：

> 仅只是一个平面
>
> 却又是深不可测
>
> 它最爱真实
>
> 决不隐瞒缺点
>
> 它忠于寻找它的人
>
> 谁都能从它发现自己
>
> 或是醉后酡颜
>
> 或是鬓如霜雪
>
> 有人喜欢它
>
> 因为自己美
>
> 有人躲避它
>
> 因为它直率
>
> 甚至会有人
>
> 恨不得把它打碎

诗人把具体的物质——镜子抽象化，通篇没有直接表达情感的词语和句子，而是使用了对比的手法从不同角度来描写镜子。我们需要找到一组组对比的词语，如：关于镜子外形的"平面"与"深不可测"的对比，关于照镜子的人或者"醉后酡颜"或者"鬓如霜雪"的对比，人们对镜子的感觉或者"喜欢"或者"躲避"或者"恨"的对比。那么，诗人想要通过镜子表达什么呢？

镜子"只是一个平面"，而镜子中的人才是诗人考察的对象。诗人用镜子诉说着对于人生的思考，充满着理性的哲思。

二、阅读规划与专题探究方法

《艾青诗选》按照年代分别收录了艾青在四个阶段创作的诗歌，结合阅读情况和可能遇到的困难，建议用四周的时间分别对这四个阶段进行专题探究，结合每个专题不同的任务，选出这一专题中你最喜欢的诗歌。阅读计划表如下：

《艾青诗选》阅读计划表

时间	内容	专题探究	我最喜欢的诗歌
第一周	阅读二十世纪三十年代的诗歌	为你读诗	
第二周	阅读二十世纪四十年代的诗歌	我来研究	
第三周	阅读二十世纪五十年代的诗歌	我来使用	
第四周	阅读二十世纪七十年代的诗歌	我来写诗	

第一周专题：为你读诗

理解诗歌的第一要务是朗读，朗读可以让我们更好地与文字亲密接触。所以，我们在第一周特别设置了"为你读诗"专题，可以采用录音和配乐两种形式：

【任务一】录音

朗读是诗歌的重要阅读方法，因为诗歌有别于其他文体，是有声的艺术。艾青的很多诗歌饱含激情，大声读出来，更有利于我们感受艾青诗歌中饱满的情感。

请你选出一首最喜欢的诗歌，然后用自己理解的情感朗读出来，录制成音频，分享给大家。

【任务二】配乐

诗歌是听觉的艺术，有音韵、节奏与旋律。读诗不宜默读，必须张口出声，去体会诗里每个字的味道。学习艾青诗歌也必然要深情朗读，在朗读中体会现代诗内在的韵律和节奏，感受艾青诗歌口语化的语言内蕴。

建议每人为班级微信公众号编写一期图文、音频稿件，主题为推荐艾青的诗歌。内容包括诗歌原文、推荐理由、诗歌赏析，与诗歌相配的图片，朗诵诗歌的配乐音频等。评出优秀作品若干，向学校广播站和文学社推荐，轮流录用。

第二周专题：我来研究

现代诗歌有其内在的韵律和特点，诗人情感的抒发有其独特的呈现方式。调动思维去"聚焦"整本书阅读的核心，是本阶段的重点。为此，我们设计了三个任务，大家可以任选一个来完成。

【任务一】意象探讨会

细读诗歌，整理归纳本书中出现频率较高的意象。请选择某一类意象，探究这类意象在艾青诗中的意义，并将整理探究的结果在班级"艾青诗歌意象探讨会"上交流。

通过整理归纳诗歌中的意象，探究这些意象的内涵，找到解读艾青诗歌艺术的密码，理解艾青诗歌的内涵。比如，"土地""太阳"两个意象，在艾青的诗歌中出现的频率最高。艾青曾说过，"我是农民的儿子""我也是农人的后裔""我始终是旷野的儿子"，艾青诗歌很多都以"太阳""阳光"为题。通过整理归纳并理解艾青不同时期的诗歌中的主要意象，寻觅艾青诗歌创作的脉络，更好地理解其情感内涵及创作风格。

【任务二】比较分享会

检索《艾青诗选》中的同题或同题材诗歌，小组合作，比较其内在关联。在此基础上，分析同题诗歌之"异"。

《艾青诗选》是由单篇诗歌构成的。艾青的诗歌中，"太阳""火把""黎明"等与光明相关的意象最多。可以说，"光明"贯穿整本诗集。在那些动荡不安的日子里，艾青以一系列类似意象，热切地赞颂人民坚强不屈、顽强刚毅的民族性格。"求同"是对学生比较性思维的训练，"存异"同样如此。如以"太阳"为标题的两首诗歌中的"太阳"都象征着光明与希望。不同的是，写于1937年的《太阳》中："太阳"有创造一切的救世主的意味，诗人对太阳充满了感激。1940年的《太阳》中，"太阳"则高高在上，它象征苦难年代里遥不可及的希望，表达人们在抗日战争中对光明、希望的渴求。

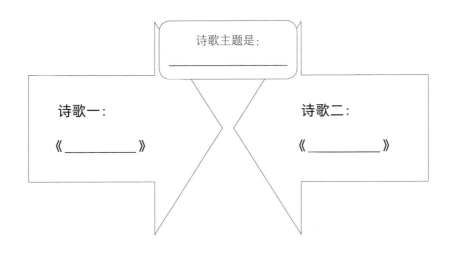

诗歌主题是：
_____

诗歌一：
《_____》

诗歌二：
《_____》

【任务三】色彩感知会

艾青诗歌常从感觉出发，抓住瞬间的印象，"诗中有画"成为艾青诗歌的主要特色。黑色是艾青在早年使用频率很高的色彩词语。例如，《那边》《大堰河——我的保姆》《马赛》《铁窗里》等大量诗中都有"黑"出现。诗中的"黑"色多用于表现黑暗、痛苦、贫困与忧郁，这也是诗人生活的时代现实的真实表现。在诗里，"黑"被细分为不同程度——"乌暗""泥黑""乌黑""浓黑""焦黑""深黑""黝黑"等，艾青用不同的"黑"表达不同程度的哀愁。色彩是其感情起伏的表现，有丰富的象征意义。在诗作中，除了黑色，还有大量的色彩，比如白色、金色、红色等。

1. 确定主题。以"探究艾青诗歌的色彩运用"为主题，研究艾青诗歌"诗中有画"的特点，探究其运用色彩来表情达意的规律。

2. 阅读文本。选择你喜欢的一组诗歌，体会其在色彩运用上的特点。如意象组合画面感极强的《那边》《当黎明穿上白衣》等。

3. 确定形式。"探究艾青诗歌中的色彩运用"专题可采用小论文或手抄报等形式展示成果。

第三周专题：我来使用

系统整合阶段，往往需要对整本书进行总结与重构，让知识真正内化成能力。这一阶段的要求更高。学以致用，阅读整本书的效果如何，可以在这一阶段得到真正的检验。为了挖掘整本书阅读的深度，我们设计了以下两个任务。

【任务一】我来重新排

《艾青诗选》是按照时间阶段来编排诗歌的。除此以外，还有哪些编排方式？请你按照诗歌内容重新编辑目录，设计几个栏目，写出栏目名称和理由。

分类名称	分类理由	代表诗歌

【任务二】我来找资料

浏览目录和诗歌，小组分工合作，自主梳理诗歌创作历程并了解相关背景，小组共同完成一份浏览报告。报告里包括但并不限于以下内容：艾青诗歌创作历程、诗歌素材选择风格及其情感倾向。

第四周：我来写诗

读了那么多诗歌，相信你对诗歌有了更深的认知，不妨动手写一写，可参考以下两个任务：

【任务一】写开场白

班级准备开展以艾青诗歌朗诵为专题的"朗读者在场"活动，请你为这场专题诗歌朗诵会取个合适的标题，并写一段精彩的开场白、几句串词和一段结束语。

回顾之前微信公众号推送音频的活动，立足于单篇诗歌，请你写下对于相关推送的感受，并从整本书的角度，理解篇与篇之间的内在关联，从而体会诗人的情感以及艺术特点。

【任务二】写诗

读了一本厚厚的诗集，你应该也有作诗的冲动了吧？采撷艾青诗歌中的精彩句子，试着仿写一首诗，或者选择一个对象抒发自己的情感，自创一首诗，在班里开一个新诗笔会。

　　写诗是读诗的延续，仿写是读诗的拓展。学习写诗，可先仿照现代诗的外在"形式"，如押韵分行，再关注诗歌内在的主题表达。相信一个学期下来，你会从一个现代诗歌的阅读者，一跃成为现代诗歌的写作者。

相关知识链接

一、作者介绍

艾青原名蒋海澄，1910年生于浙江金华的一个地主家庭。据说，艾青出生的时候，母亲难产，迷信的父母就认为他克父母，于是把他寄养到了一个农妇家中，这一待就是五年。这个农妇就是大堰河的原型，《大堰河——我的保姆》写的就是这位农妇的故事。

1928年，艾青中学毕业，考入国立杭州西湖艺术院，由于他颇有天赋，受到当时已经颇有名气的画家林风眠的赏识，林风眠劝他到巴黎勤工俭学，学习绘画，他就去了巴黎，开始接触欧洲现代派诗歌，这一下让一个画家转型成为诗人！1979年，艾青的诗歌《彩色的诗》就是为《林风眠画集》而写，这应该是对林风眠的感谢。

1931年，九一八事变爆发时，艾青正在法国留学。他同许多留法的中国青年一样，在巴黎遭到歧视和侮辱。有一天，艾青到一家旅馆住宿登记时，旅馆人员问他的姓名，艾青说叫蒋海澄，对方误听为"蒋介石"，一气之下，他就在"蒋"的草字头下面打了一个"×"，又取"澄"的家乡口语谐音为"青"，填上"艾青"之名，后来，艾青成了为读者所熟知的笔名。

1932年初，他回到了中国，刚回到上海就加入了中国左翼美术家联盟，因为从事革命文艺活动，被捕入狱。1935年才得以出狱。在狱期间，艾青开始创作诗歌，并一发不可收，创作了很多首。其中最为读者所熟知的是《大堰河——我的保姆》。

1937年，抗日战争全面爆发后，艾青的爱国激情迸发了出来，创作出很多首诗歌，《太阳》《雪落在中国的土地上》《黎明》《我爱这土地》等都作于这一时期，这些诗作无一不在表达着诗人对侵略者的控诉，对于抗争的呼吁，对于受难的国家的爱，最能代表艾青的风格。这种激情一直延续到 1957 年。

1957 年，艾青被划为右派，下放到黑龙江、新疆，从此创作中断了二十余年。1979 年，艾青得到了平反，重新恢复了名誉，他的诗歌创作再次启航，《光的赞歌》《鱼化石》《古罗马的大斗技场》《失去的岁月》等都是沉寂归来后的代表作。这一时期的作品情感和思想比较复杂，有沉痛的控诉，有深刻的反思，也有对未来的希望。

1996 年 5 月 5 日，艾青病逝，但他留给读者一笔丰厚的文学财产。

二、创作背景

从内容上来看，《艾青诗选》收录了诗人自二十世纪三十年代至七十年代末期的主要作品，反映了诗人的创作历程和风格特征。这本选集的创作背景延续了四十多年，每一首诗歌都有不同的创作背景，算得上是艾青一生艺术成就的总结。

从出版的角度来看，《艾青诗选》则是"文革"结束后，新时期以来，读者对于艾青诗歌成就的承认与肯定，也是对现代诗歌艺术成就的肯定。

三、关于诗歌的相关知识

（一）古诗及其特点

古诗，即中国古代的诗歌，在时间上指 1840 年鸦片战争以前的诗歌作品，原意指古代人创作的诗歌。

从形式上看，古诗一般包含四言古诗、五言古诗、七言古诗、格律诗、词、曲等。

古诗的特点，包含以下四点：

1. 除了词和曲外，大多数诗歌的句子比较整齐，四言一般都是一句四个字，五言一般都是一句五个字，七言则是一句七个字。

2. 一般都讲究押韵和对仗，讲究音调的和谐，比如李白的《静夜思》："床前明月光，疑是地上霜。举头望明月，低头思故乡。"其中的"光""霜""乡"都是押韵的，读起来朗朗上口。

3. 古诗形成了比较固定的意象体系，比如柳树表达送别、红豆寄相思、明月思故乡等，掌握了这些意象，就能理解诗歌的主题。

4. 古诗多用典，如果能够对典故掌握到位，那么对于诗歌的理解就能深入。比如牛郎织女多用于描写男女情感，飞将军李广多用于战争的主题，大江东去多用于感慨时光的流逝，等等。

（二）古诗的发展历程

1. 四言古诗，以《诗经》为代表，如《小雅·节南山》："节彼南山，维石岩岩。赫赫师尹，民具尔瞻。"

2. 五言古诗，《汉乐府》和《古诗十九首》都属于五言古诗，比如《汉乐府·十五从军征》："十五从军征，八十始得归。道逢乡里人，家中有阿谁？遥望是君家，松柏冢累累。兔从狗窦入，雉从梁上飞。中庭生旅谷，井上生旅葵。舂谷持作饭，采葵持作羹。羹饭一时熟，不知贻阿谁。出门东向望，泪落沾我衣。"

3. 七言古诗，最有代表性的就是曹丕的《燕歌行》，被视为中国诗歌史上第一首较为完整的七言诗，句句押韵，很有特点："秋风萧瑟天气凉，草木摇落露为霜。群燕辞归雁南翔，念君客游思断肠。慊慊思归恋故乡，君何淹留寄他方？贱妾茕茕守空房，忧来思君不敢忘，不觉泪下沾衣裳。援琴鸣弦发清商，短歌微吟不能长。明月皎皎照我床，星汉西流夜未央。牵牛织女遥相望，尔独何辜限河梁？"

4. 杂言古诗，就是句子不太整齐的古诗，比如《东门行》："出东门，不顾归。来入门，怅欲悲。盎中无斗米储，还视架上无悬衣。拔剑东门去，舍中儿母牵衣啼：'他家但愿富贵，贱妾与君共铺糜。上用仓浪天故，下当用此黄口儿。今非！''咄！行！吾去为迟！白发时下难久居。'"

5. 格律诗，这应该是大家最为熟悉的诗歌类型了，唐诗大多属于格律诗，比如王维的《鸟鸣涧》："人闲桂花落，夜静春山空。月出惊山鸟，时鸣春涧中。"李白的《赠汪伦》："李白乘舟将欲行，忽闻岸上踏歌声。桃花潭水深千尺，不及汪伦送我情。"

6. 词，是兴起于隋唐时期，在宋代达到高峰的一种诗歌别体，因为句子长短不同，也可以称为长短句。如苏轼的《定风波》："莫听穿林打叶声，何妨吟啸且徐行。竹杖芒鞋轻胜马，谁怕？一蓑烟雨任平生。料峭春风吹酒醒，微冷，山头斜照却相迎。回首向来萧瑟处，归去，也无风雨也无晴。"

7. 曲，出现于南宋和金代，盛于元代，是一种带有曲调、可以演唱的抒情诗体。比如张养浩的《山坡羊·潼关怀古》："峰峦如聚，波涛如怒，山河表里潼关路。望西都，意踌躇。伤心秦汉经行处，宫阙万间都做了土。兴，百姓苦；亡，百姓苦！"

（三）现代诗歌及其特点

现代诗歌是五四新文学运动的产物，它主要反映新的生活，表现新的思想感情。现代诗歌在吸取中国古典诗歌、民歌和外国诗歌的基础上，对表现方法和艺术形式进行了多方面的探索。

1917年2月，《新青年》2卷6号刊出白话诗词八首，是中国新诗运动中出现的第一批白话新诗。胡适的《两只蝴蝶》就是其中一首："两只黄蝴蝶，双双飞上天。不知为什么，一个忽飞还。剩下那一个，孤单怪可怜。也无心上天，天上太孤单。"

现代诗歌有什么特点呢？
（1）语言上，使用接近日常口语的白话文；
（2）内容上，表现科学民主的新生活；
（3）形式上，打破旧体诗格律形式的束缚，更自由。

（四）现代诗歌的分类

从形式上看，现代诗歌主要有以下三种常见的类别：

1. 自由体诗

自由体诗就是指形式非常自由，不受格律限制的诗歌。诗行可长可短，行数可多可少，可押韵也可不押韵，可用标点也可不用标点。

最早从思想艺术上显示一种崭新面貌，并为新诗地位的确定做出重大贡献的是郭沫若创作的诗集《女神》（1921）。其中代表诗篇如《天狗》："我是一条天狗呀！/我把月来吞了，/我把日来吞了，/我把一切的星球来吞了，/我把全宇宙来吞了。/我便是我了！/我是月底光，/我是日底光，/我是一切星球底光，/我是X光线底光，/我是全宇宙底Energy底总量！/我飞奔，/我狂叫，/我燃烧。/我如烈火一样地燃烧！/我如大海一样地狂叫！/我如电气一样地飞跑！/我飞跑，/我飞跑，/我飞跑，/我剥我的皮，/我食我的肉，/我嚼我的血，/我啮我的心肝，/我在我神经上飞跑，/我在我脊髓上飞跑，/我在我脑筋上飞跑。/我便是我呀！/我的我要爆了！"

全诗共二十九行，句句以"我"领起，形成排比句式，一气呵成；诗句或长或短，充分体现了诗人狂热激荡的诗情，在那个时代产生了强烈的冲击波。

2. 新格律诗

自由体诗拓宽了诗歌的表现空间，但缺乏美感，于是就有了在格律方面比较讲究的新格律诗。新格律诗有比较整齐和谐的节拍，双数诗行的末一字要求押大致相同的韵；有的诗不分节，有的诗分为若干节，分节的诗，各节的行数大致相等。

比如闻一多的《一句话》："有一句话说出就是祸，/有一句话能点得着火。/别看五千年没有说破，/你猜得透火山的缄默？/说不定是突然着了魔，/突然青天里一个霹雳/爆一声：/'咱们的中国！'/这话教我今天怎样说？/我不信铁树开花也可，/那么有一句话你听着：/等火山忍不住了缄默，/不要发抖，伸舌头，顿脚/等到青天里一个霹雳/爆一声：/'咱们的中国！'"

全诗的前六句呈方块状，两节诗的末三句重复，仅将"突然"换成了

"等到"，诗歌还有韵脚："祸""火""破""默""魔""国""着"等，于是就有了音乐感。

3. 十四行诗

十四行诗是在欧洲流行的一种格律严谨的抒情诗体。最初流行于意大利，彼特拉克的创作使其臻于完美，又称"彼特拉克体"。比如这首《此刻万籁俱寂》："此刻万籁俱寂，风儿平息，/ 野兽和鸟儿都沉沉入睡。/ 点点星光的夜幕低垂，/ 海洋静静躺着，没有一丝浪迹。// 我观望，思索，燃烧，哭泣，/ 毁了我的人经常在我面前，给我甜蜜的伤悲；/ 战斗是我的本分，我又愤怒，又心碎，/ 只有想到她，心里才获得少许慰藉。// 我只是从一个清冽而富有生气的源泉 / 汲取养分，而生活又苦涩，又甜蜜，/ 只有一只纤手才能医治我，深入我的心房。// 我受苦受难，也无法到达彼岸；/ 每天我死亡一千次，也诞生一千次，/ 我离幸福的路程还很漫长。"

彼特拉克的十四行诗形式整齐，每首分成两部分：前一部分由两段四行诗组成，后一部分由两段三行诗组成，即按四、四、三、三编排。

英国的莎士比亚也有十四行诗创作，由三段四行和一副对句组成，即按四、四、四、二编排。比如下面这首《我怎能把你比作夏天的一天》："我怎能把你比作夏天的一天，/ 你比它更可爱、更温婉：/ 狂风把五月娇嫩的花蕊摧残，/ 夏季时光匆匆，总是如此短暂：// 有时炽热异常，像上天灼烧的眼，/ 它那金色的面容常飘忽闪现。/ 再美好的事物也终将凋残，/ 随时间和自然的变化而流转。// 但是你的夏日会永远鲜艳，/ 你将永远拥有这俊美的容颜。/ 死神也无法夸口让你在它的阴影里逗留，/ 当你在这不朽的诗句中永远地生息留守：// 只要人类还在呼吸，只要眼睛还在阅读，/ 我这首诗就会存在，你的生命就会存在。"

（五）现代诗歌相关概念

1. 意象

意象就是在诗歌中用来承载情感的事物，是诗人之外的所有事物。比如天地间的一切包括日月星辰、山川草木、亭台楼阁等，在特定情况下还能是人，比如将军、征夫、歌女等。

确切地说，诗歌是以意象来反映诗人眼里和心中的世界的。诗人戴着感情的"眼镜"看世界，世界中的万事万物都有情感，诗歌正是以不同的感情色彩感人的。比如艾青诗歌中的土地、太阳，就是诗人用来表现爱国情感的重要意象。

2. 意境

意境是指诗歌所达到的境界，是诗人使用的意象与诗人所要表达的思想感情和谐统一的结果，是诗歌感染人的魅力所在。

读诗歌，就要能够体会诗人表现的意境，从而产生联想，获得美的享受，与诗人产生情感共鸣。艾青善于营造意境，在他营造的北方贫瘠的生活中，暴风雨侵袭的土地上，让我们深深地感受到诗歌中的爱国情怀。

3. 诗歌的抒情方式

一般来说，抒情方式包括直接抒情和间接抒情，直接抒情就是直接把情感表达出来，间接抒情则在具体的人、事、物、景中包含着情感，需要读者用心去体会，具体方法有借事抒情、借景抒情、托物言志、寓情于景、借古讽今、用典抒情等。比如艾青的诗歌《雪落在中国的土地上》，诗人就设置了下雪时分，寒冷袭来的环境，通过描写在寒冷中跋涉的中国人民的形象，表达对于受苦有难的民众的关怀，对于祖国的爱。

4. 诗歌的表现技巧

诗歌的表现技巧有对比、夸张、衬托、反复、比喻、排比、象征、抑扬、虚实结合等手法。艾青的诗歌表现技巧非常多样，在不同诗歌中有不同的表现，阅读的时候，同学们要多关注，进行具体分析。

文本分析

一、《艾青诗选》的主题

爱国是艾青诗歌的一贯主题，但在不同时期有不同的呈现方式：

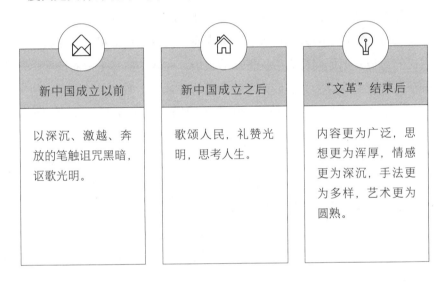

新中国成立以前	新中国成立之后	"文革"结束后
以深沉、激越、奔放的笔触诅咒黑暗，讴歌光明。	歌颂人民，礼赞光明，思考人生。	内容更为广泛，思想更为浑厚，情感更为深沉，手法更为多样，艺术更为圆熟。

二、艾青诗歌的艺术特点

（一）善于使用独特的意象表达情感

在诗歌创作中，意象是一个非常重要的概念，不懂意象，就无法理解诗歌表达的情感。在中国古典诗歌数千年的发展历程中，形成了很多比较固定的表达情感的意象体系，比如折柳、长亭、古道等用来传达送别情感的意象，比如孤鸿、大雁、书信等表达思念亲人和家乡的意象。现代诗歌中，意象同样是一个很重要的概念。由于每一个诗人经历不同，对于生活的感受不同，所以会形成自己独有的意象群。艾青诗歌的意象非常丰富，有土地、太阳、黎明、鸟儿、雪等，而最核心的意象就是土地和太阳。

艾青的很多诗歌都提到了土地，比如《雪落在中国的土地上》《北方》《我爱这土地》等。土地是祖国的象征，对于土地的不断书写，就是艾青对祖国的最深沉的爱的不断传达。艾青是一位爱国诗人，爱国是艾青作品中永恒的主题。在《我爱这土地》中，诗人说："为什么我的眼里常含泪水？因为我对这土地爱得深沉……"在《北方》中，诗人说："我爱这悲哀的国土，/ 古老的国土 / 这国土 / 养育了为我所爱的 / 世界上最艰苦 / 与最古老的种族。"在《人皮》中诗人说："你必须记住这是中国的土地 / 这是中国人用憎与爱，/ 血与泪，生存与死亡所垦殖着的土地。"

土地上行走着的人们代表着中国人民，艾青不仅爱祖国，更关怀普通农民的命运，把他们视为中国民众的代表。在这些描写土地的诗歌中，到处活跃着农民的身影，它们记录着农民的苦难，比如《雪落在中国的土地上》写出了农民受蹂躏的痛苦;《复活的土地》写农民的复活;《春雨》写农民的翻身和解放。土地属于中国，但耕耘着土地的是农民，农民世世代代以土地为根，靠土地吃饭，所以农民的苦难也能代表着中国的苦难。诗人的书写让我们不禁感慨：什么时候，中国农民能够过上幸福生活？什么时候，中国土地上的苦难会消失？

艾青热衷于描写的另一个重要意象是太阳，与太阳相关联的延伸意象还有光明、春天、黎明、生命和火焰，所以，在《向太阳》《黎明的通知》《火把》《光的赞歌》等诗歌中，有的是直接描写太阳，有的则写从太阳延伸出来的光明、火焰，这些都代表着诗人对于美好生活的向往，对于祖国未来的畅想。

（二）吟诵不完的爱国情结

艾青是爱国诗人，爱国是艾青诗歌的永恒主题，但他的爱国情感不是斗志昂扬的激情之音，而是渗透着一种感伤的情绪，有人说这是"艾青式的忧郁"。比如《雪落在中国的土地上》写道："中国的痛苦与灾难 / 像这雪夜一样广阔而又漫长呀！"《旷野》中写道："薄雾在迷蒙着旷野啊……"为什么会这样呢？

这是因为艾青生活在祖国正处于水深火热之中的苦难时代。1932年，艾青因从事革命文艺活动被捕入狱，他在狱中写了很多诗。个人苦难与国家的苦难融合在一起，怎么能让艾青不忧郁呢？《大堰河——我的保姆》是艾青在狱期间写下的代表作，在这首自传性质的长诗中，艾青生动地刻画了大堰河的形象，在对于大堰河形象着力塑造的同时，诗人描写自己的身世——出生在地主家庭，缺乏温暖，因为迷信思想，父母把他扔在了大堰河家里，他才得以在大堰河这里体会到家庭的温暖和爱，但是具有这么多优良品质的大堰河却在四十多岁的时候就告别了人世。通过自己的个人命运，诗人表达了对家庭所属地主阶级的厌恶；通过对于大堰河命运的书写，诗人则表达了对整个不公道世界的不满和诅咒。

（三）追求自由但不失美感的诗歌形式

艾青的诗歌不强行追求押韵，也不追求字、行、节的整齐划一，属于典型的自由体诗歌，但艾青的诗歌并不是毫无章法，而有非常讲究的情感逻辑和结构安排，诗歌中有规律的排比、复沓，形成一种变化中的统一。

我们以他的成名作《大堰河——我的保姆》为例，诗歌总体安排是这样的：

全诗共十三节，一节从四至十六行不等，一行少则两个字，多则二十二个字，全诗不押韵，这是自由体诗歌的典型特点；但每一节首尾句短而重复，中间几行基本采用排比句式，多用长句子，在自由中又有着逻辑规律，读起来朗朗上口，不失形式的美感，更没有失去诗歌的音乐感。

（四）丰富的诗歌艺术手法

1. 大量修辞手法的使用

在艾青的诗歌中，常用的修辞有排比、反复、拟人、比喻等手法。以他的诗歌《绿》为例，诗歌开篇写道："刮的风是绿的 / 下的雨是绿的 / 流的水是绿的 / 阳光也是绿的。"这四个句子铺排在一起，把各种各样的绿都展现在读者面前，让人应接不暇，不仅提高了作品的感染力，情感也表达得丰富起来。

接下来，诗人说所有的绿"挤"在一起，这就把"绿"拟人化，显得生动活泼，而且让我们感受到了绿的多样性。

后面，诗人又接连使用了两个比喻："好像绿色的墨水瓶倒翻了""好像舞蹈教练在指挥"，两个比喻贴切新奇，前一句写了绿色的色彩来源；后者表现了绿色的动感效果，让抽象的绿一下子变得具体可感。

这样的修辞手法的灵活多用，丰富了诗歌的表现力，这一点在艾青所有的诗歌中都有体现，同学们在阅读的时候一定要多关注。

2. 诗中有画的画面感

艾青是诗人，还是画家。在他的长诗《向太阳·凡谷》中，他写道："从太阳得到启示／用燃烧的笔／蘸着燃烧的颜色／画着农夫耕犁大地／画着向日葵。"在这里，诗人将自己与画家融为一体，将文字与画笔的艺术性结合在一起，诗人用文字来写作，画家用画笔描述，而艾青则作为诗人的同时，也是作为画家表现世界。

在艾青诗歌中，有着各种各样的色彩，火红的太阳，黑黑的土地，晶莹的白雪，金黄的向日葵，这些色彩营造出诗歌的美感。

3. 象征手法的运用

象征是指采用类比联想的手法，借用某种具体的形象的事物来表现特定的人物或事理，从而表达真挚的感情和深刻的寓意。使用象征手法，可能造成三种效果：一是使抽象的概念具体化、形象化，二是能够使复杂深刻的事理浅显化、单一化，三是可以延伸描写的内蕴、创造一种艺术境界，增强作品的表现力和艺术效果。

艾青曾经去巴黎学习，在那里他受到欧洲现代主义诗歌的熏陶，接受了象征主义的艺术手法。所以，在他的笔下，所有的意象都具有象征意味，不仅连接到情感，还延伸到更复杂的内涵，土地不仅仅是土地，北方不仅仅是北方，母亲不是某一个母亲，大堰河也不只是艾青的保姆，这些概念代表着更大的群体。

4. 散文化的追求

由于白话诗歌从一开始就力主追求自由，所以在二十世纪三十年代后期，诗坛上出现了利用格律和韵文来包装诗歌形式的潮流，似乎有些回顾古典诗歌的意味，在这样的背景下，艾青提出了"诗的散文美"的概念。

这一概念不是要模糊诗歌与散文的界限，而是对于诗歌的一种新的追求，具体的含义是要求诗人说出内心真实的想法，抒发内心真实的情感，不做作，少雕琢，从而保持口语化和自然美。也就是鼓励诗人运用自由的语言形式表达情感，塑造形象。

用一种学理的说法看，诗歌的散文美包含四个层面：一是真情美，即真实表达自我；二是意象美，用意象凝练诗歌的情感；三是语言美，语言保持白话文的特点，但又要优美；四是形式美，形式是自由的，但又要有音乐感，才能保持诗歌的内核。

诗歌和散文是两种不同的文体，但同属于以表达情感为核心的文体，当然可以互相学习，互相借鉴，从而丰富不同文体的表现内容和表现力。艾青取得的诗歌成就，可以在诸多层面给予我们启发。

三、诗歌鉴赏

本部分将根据创作时期，来鉴赏艾青的诗歌。

1. 初期的创作（1937年以前）——在忧郁与悲哀的笼罩下

《铁窗里》节选：

> 只能通过这唯一的窗，
> 我才能——
> 看见熔铁般红热的奔流着的朝霞；
> 看见潮退后星散在平沙上的贝壳般的云朵；
> 看见如浓墨倾泻在素绢上的阴霾；
> 看见如披挂在贵妇人裸体上的绯色薄纱的霓彩；
> 看见去拜访我的故乡的南流的云；

看见拥上火的太阳的东海的云；

看见法兰西绘画里的塞纳河上的晴空；

看见微风款步过海面时掀起鱼鳞样银浪般的天；

看见狂热的夏的天，抑郁的春的天，飘逸而

又凄凉的秋的天；

看见寂寞的残阳爬上

延颈歌唱在屋脊上的鸠的肩背；

看见温煦的朝日在翩跹的鸽群的白羽上闪光；

看见夜游的蝙蝠回旋在沉重的暮气里……

问题：《铁窗里》一诗，表达了什么主题？

【赏析】这首诗歌是诗人被关进监狱中所写。"只能通过这唯一的窗"这句话在诗中出现了三次，运用了反复的修辞手法，强调了诗歌写作的地点是监狱，诗人现在只能通过这一窗，才能与外界连接。

铁窗是现实，但透过铁窗，诗人展开了丰富的想象，诗歌最精彩的就是开篇连用了十二个"看见"，运用排比的修辞，展现了窗外美丽的景色，这些景色代表着自由，代表着美好的生活。而且诗歌中使用了很多色彩，画面感很强，绚丽多彩，这首诗歌表达了诗人对于自由的向往，对于光明的向往，当然也鞭挞了让他失去自由的黑暗社会。

《一个拿撒勒人的死》节选：

经了苦刑的拷问

这拿撒勒人

坚定地说：

"胜利呵

总是属于我的！"

这时候

无数的犹太民众和祭司长

和长老们像野狗般嘶叫着：

"把他钉死！

把他钉死！"

他被带进了衙门

那里

兵士们把他的衣服剥去

给他披上了朱红的袍子

给他戴上

用玫瑰花刺做的冠冕

把唾液吐在他的脸上

用鞭子策他的肩膀

大笑地喊着：

"拿撒勒人

恭喜你呵！"

问题：《一个拿撒勒人的死》一诗，这位拿撒勒人是指谁？描写了哪些场景？在描写耶稣之死时，诗人使用了什么描写手法？

【赏析】这位拿撒勒人是指耶稣。诗歌通过描写耶稣的死亡和复活，重点描写了耶稣临死前的场景，也描述了耶稣被钉在十字架上的痛苦和屈辱，颂扬了耶稣敢于承担、勇于奉献的精神。

在描写耶稣临死一幕的时候，诗人使用了对比的手法——耶稣有着对于信念的坚定，那些陷害他的犹太民众和祭司长像野狗般凶猛，士兵们则幸灾乐祸，面目可憎，通过这样的对比描写，更加凸显耶稣精神的可贵。

2. 中期的创作（1937—1949）——在抗争与希望中的前行

《雪落在中国的土地上》节选：

中国的痛苦与灾难

像这雪夜一样广阔而又漫长呀！

雪落在中国的土地上

寒冷在封锁着中国呀……

中国，

我的在没有灯光的晚上

所写的无力的诗句

能给你些许的温暖么？

问题一：《雪落在中国的土地上》一诗，表达了诗人什么样的情感？

【赏析】1930 年代，艾青离开浙江前往抗战中心武汉，在这里，他没有看到政府积极组织抗战的景象，只看到因为战争而导致的难民和流浪者，于是深夜在武昌一间阴冷的屋内写就了这首诗歌。

诗歌通过描写大雪纷飞的场景，在这个场景下，活动着农夫、少妇和母亲，农夫有着痛苦的皱纹的脸，代表着生活的艰辛；少妇是蓬头垢面的，因为她失去了男人的保护，承受着死亡的威胁；而母亲只能蜷伏在自己的家里，不知道明天会如何。

大雪和人物都有着象征意义：雪和寒冷代表着土地上的苦难，寒冷中的农夫、母亲、少妇代表正在受苦的中国普通民众，这首诗表达了对于受难祖国的热爱，但正如诗歌最后一句所说："我的在没有灯光的晚上 / 所写的无力的诗句 / 能给你些许的温暖么？"这一时刻的艾青是忧郁的。

《北方》节选：

我爱这悲哀的国土，

它的广大而瘦瘠的土地

带给我们以淳朴的言语

与宽阔的姿态，

我相信这言语与姿态

坚强地生活在土地上

永远不会灭亡；

我爱这悲哀的国土，

古老的国土

——这国土

养育了为我所爱的

世界上最艰苦

与最古老的种族。

问题:《北方》一诗,其中的"北方"代表什么?

【赏析】1938年初,艾青旅经陕西潼关时,因科尔沁草原上的诗人端木蕻良曾经发出"北方是悲哀的"这样的感叹而引发思绪,写下了这首诗。诗歌可以分为三个部分:第一部分为题记,讲述了写诗的原因;第二部分则细致描写了北国的环境,沙漠风、荒漠、原野、负重的驴子、干涸的河道、失群的大雁,这里的人民生活艰难,让我们感受到北方的苦难;第三部分则对这块土地进行了主题升华,表达了诗人对于北方的爱,对于祖国的爱,对于人民的同情。

诗人使用了象征的艺术手法,"北方"等同于艾青笔下的土地,代表着苦难的中国。在这首诗歌中,艾青的感情是复杂的,既有面对苦难土地的忧郁悲伤,也有回到历史中追寻民族精神的自信,更有着对坚忍的中国民众的礼赞,当然最核心的就是对这片土地的爱。

《人皮》节选:

> 无数的苍蝇
>
> 就在这人皮上麇集
>
> 人皮的下面
>
> 是腐烂发臭的一堆
>
> 血、肉、泥土,已混合在一起……
>
> 而挟着灰色尘埃的风
>
> 在把这腐臭的气息
>
> 吹送到遥远的,遥远的四方去……

问题:《人皮》一诗,诗人为什么选择"人皮"这一可怕的事物进行细致描述?

【赏析】《人皮》这首诗歌写于1938年7月3日,正好是日本侵略中国期间。诗歌一开篇就告诉我们,敌人刚刚败退,这一片土地变成了荒芜的地方,在这片荒芜的土地上,诗歌的主题出现了——这是一张从中国女人身上剥落的人皮。接下来诗人展开了想象，这个人皮是怎么来的呢？是因为炮火毁灭了她的家，毁灭了她的孩子和亲人，也可能是她为了反抗，为了尊严，日本侵略者杀了她，把她的皮悬挂着，用来吓唬其他中国人。然后，诗人细致地描写了现在人皮的样子——苍蝇聚集，血肉泥土混合，散发着腐臭的气息，最后是对主题的升华，人皮是可怕的，但也是中国的旗帜，是应该保留的永久记忆。

读这首诗歌，会让我们想到闻一多的《死水》，用丑陋的意象表达诗歌主题。这里的人皮虽然给人带来惊悚可怕的感受，但能够真实地表达日本侵略者凶残的恶劣本质。

《火把》节选：

这队伍多么长啊　多么长

好像把这城市的所有的人都排列在里面

不　好像还要多　还要多

好像四面八方的人都已从远处赶来

好像云南　贵州　热河　察哈尔的都已赶来

好像东三省　蒙古　新疆　绥远的都已赶来

好像他们都约好今夜在这街上聚会

一起来排成队　看排起来有多么长

一起来呼喊　看叫起来有多么响

我们整齐地走着　整齐地喊

每一个火把　举在自己的前面

融融的火光啊　一直冲到天上

把全世界的仇恨都燃烧起来

我们是火的队伍

我们是光的队伍

问题:《火把》一诗，艾青笔下的"火把"代表着什么？

【赏析】1940年春末，艾青离开湘南前往重庆任教，他看到了一场显示人民群众伟大力量的火炬大游行，就以参与游行的两个青年为对象写下了这首长诗，展示了抗日救亡运动中中国青年男女的日常生活和斗争愿望。

《火把》的写作方法独特，它讲述了一对女青年参加火炬游行的故事，唐尼是一个沉溺于个人情感小天地、生活空虚的女青年，李茵是成熟的革命女性，在这场火炬游行中，李茵邀请唐尼参加了游行，唐尼在这场群众洪流中，终于冲破了个人情感，融入了集体之中。在写作中，诗人主要采取了内心独白和对话的方式，展示了主人公的成长历程。

诗歌中的火把是光明的象征，是爱国精神的体现。

3. 新中国成立后的创作（1949—1958）——发自内心地歌颂新生活

《维也纳》节选：

> 天在下着雨，
> 街上是灰白的水光，
> 维也纳，坐在古旧的圈椅里，
> 两眼呆钝地凝视着窗户，
> 一秒钟，一秒钟地
> 在挨受着阴冷的时间……
>
> 维也纳，让我祝福你：
> 愿明天是一个晴天，
> 阳光能射进你的窗户，
> 用温柔的手指抚触你的眼帘……

问题：《维也纳》一诗，表达了诗人什么样的情感？

【赏析】这首诗是艾青的组诗《南美洲的旅行》中的一首，当时奥地利的首都维也纳被其他国家占领，艾青怀着对这个城市的同情，写下了这首诗歌。

在具体的描写中，诗人连用了两个比喻，把失去了自由的维也纳比喻成"患了风湿症的少妇"和"一盘深红的樱桃"；还使用了拟人的手法，把维也纳比喻成一个坐在古旧圈椅中的呆滞的人，默默地忍受着阴冷的现实。最后表达了对维也纳的祝福，希望维也纳的明天能够阳光普照。

诗人用往日维也纳的美好作为对比，表达了对于侵略行为的愤慨，体现了诗人的国际主义精神。

《礁石》节选：

> 它的脸上和身上
> 像刀砍过的一样
> 但它依然站在那里
> 含着微笑，看着海洋……

问题：《礁石》一诗，"礁石"象征着什么？

【赏析】这首诗歌是1954年艾青访问智利期间写的。诗歌的主角是"礁石"，但整首诗歌都没有出现礁石这两个字。诗歌一开篇就描写了礁石的生存环境，它面对着一个又一个的浪，接二连三、无休无止地扑过来，看起来力大无穷，但这些浪却被打成了碎沫，被打散，因为它们遇到了礁石。在诗人的笔下，礁石就像被刀砍过一样，说明经历丰富；礁石面对浪的扑打，微笑着，挺立着，说明它有着坚强而不屈服的精神。

这里的礁石具有象征意义，代表着经历很多苦难，但是从未屈服的中华民族。

《烧荒》节选：

> 火花飞舞着、旋转着，
> 火柱直冲到九霄云外！
>
> 火焰像金色的鹿，
> 奔跑得比风还快！
>
> 腾起的烟在阳光里，
> 像层层绚丽的云彩！

火焰狂笑着、奔跑着，

披荆斩棘，多么痛快！

问题:《烧荒》一诗，"烧荒"是什么意思？这首诗歌说的"新时代"是指什么？

【赏析】烧荒是指在一块土地开发之前，要先烧掉这块地上的野草、灌木等，从而让这块土地获得新生。1958年，艾青被下放到黑龙江的农场，在这里他要从事劳动，要改造思想。不过艾青仍然很乐观，到了农场后和普通农垦战士一样，伐木，育苗，盖房，办黑板报，并且捐献出自己的五千元稿酬到哈尔滨购买发电机与照明设备。他加入了垦荒队伍，于是写下了这首诗歌，表达了开辟新时代的坚定信念。

诗歌开始于一根小小的火柴，小小的火柴让荒原变成了火海，"星星之火可以燎原"，这是一种伟大的精神。诗人重点描写的是烧荒的场景，火花飞舞，火焰奔跑，烟雾缭绕，披荆斩棘，最后两句是主题的升华——人们创造出了一个新的时代。

4. 归来的诗歌（1978年以后）——沉痛的反思

《鱼化石》节选：

凝视着一片化石，
傻瓜也得到教训：
离开了运动，
就没有生命。

活着就要斗争，
在斗争中前进，
当死亡没有来临，
把能量发挥干净。

问题:《鱼化石》一诗，"鱼化石"代表着什么？
【赏析】这是一首托物言志的咏物诗。1957年，艾青被打成了右派，从此沉默了二十年。1978 年，艾青终于重返诗坛，写下这首诗歌。它描写了一个活生生的生命被变成"鱼化石"的过程，但鱼化石最终重新回到地面，重新燃起斗争的精神。鱼化石代表的就是诗人自己，也是所有理想受挫的人。

诗人通过想象，描写了鱼化石形成的过程，鱼儿成为化石前动作活泼，精力旺盛，但是鱼儿仍然没有力量抗争大自然的灾难，不幸遇到了火山爆发，遭遇了地震，失去了自由，默默地在尘土中封存了数亿年，终于遇到了地质勘查队，重获新生，可是它真的能重获新生吗？显然是不可能的，因为已经不能动弹，成了化石。诗人通过对鱼化石的感慨，想要表达的最后的主题是："离开了运动，/ 就没有生命。// 活着就是要斗争，/ 在斗争中前进，/ 当死亡没有来临，/ 把能量发挥干净。"这是一种积极的生活态度，是艾青对于人生的总结。

可是，面对大自然的灾难，一条鱼能做些什么呢？这是留给读者的思考。

《光的赞歌》节选：

> 每个人的一生
> 不论聪明还是愚蠢
> 不论幸福还是不幸
> 只要他一离开母体
> 就睁着眼睛追求光明
>
> 世界要是没有光
> 等于人没有眼睛
> 航海的没有罗盘
> 打枪的没有准星
> 不知道路边有毒蛇
> 不知道前面有陷阱
>
> 世界要是没有光

也就没有杨花飞絮的春天

也就没有百花争妍的夏天

也就没有金果满园的秋天

也就没有大雪纷飞的冬天

世界要是没有光

看不见奔腾不息的江河

看不见连绵千里的森林

看不见容易激动的大海

看不见像老人似的雪山

要是我们什么也看不见

我们对世界还有什么留恋

问题:《光的赞歌》一诗,诗人通过对光的赞颂,表达了对于什么的思考?

【赏析】这首诗写于1978年,是艾青在"光"的指引下对历史、人生和社会的重新思考,传达出他经历了苦难,却依旧不屈不挠的乐观主义精神。

诗歌一共分为九个小节,开篇就告诉读者光的重要性,世界不能没有光,接下来,诗人描写了光是如何诞生的,从科学的角度告诉读者,光来源于火、电和太阳,然后从自然之光转向社会之光,光来自大自然,但却对于人类社会有着更重要的作用,人们追求和向往光,为光奋斗和流血,诗人继而歌颂了为光奋斗的人民群众。在第八小节,诗人转向了自己,告诉世人"我是大火中的一点火星/趁生命之火没有熄灭/我投入火的队伍、光的队伍"。第九小节,诗人则关注现实,展望未来,表达了对于祖国明天的期望,甚至把视野延伸到了宇宙空间,这是一种自信而又博大的胸怀。

读完这首诗歌,让我们感受到了诗人的精神:即便经历了种种困难,但光明仍然指导着诗人在前进!这是一种多么积极乐观的精神呀!

整本书阅读练习

阅读准备：动动手

1. 以下关于现代诗歌叙述不正确的是（   ）。

A. 郭沫若、徐志摩、艾青都是重要的诗人

B. 现代诗歌的语言必须是白话文

C. 现代诗歌的形式是自由的

D. 现代诗歌也必须讲求格律

2. 请把诗人与诗歌连接起来。

徐志摩　　　　　　　　《雨巷》

艾青　　　　　　　　　《两只蝴蝶》

郭沫若　　　　　　　　《我爱这土地》

胡适　　　　　　　　　《再别康桥》

戴望舒　　　　　　　　《炉中煤》

3. 一般认为，我国第一部白话诗集是谁创作的？（   ）

A. 鲁迅

B. 胡适

C. 郭沫若

D. 老舍

4. 二十世纪三十年代，艾青诗歌的主要意象是_____和_____。他的长诗《向太阳》《火把》借歌颂太阳、索求火把，表达了驱逐黑暗、坚持斗争、争取胜利的美好愿望，诗人也因此被称为"_____"和"_____"的歌手。这些诗歌也是自由体诗的代表。

5. 请结合艾青创作的具体的诗歌，说说土地凝聚了诗人怎样的情感，

太阳表达了诗人怎样的追求?

6. 下列诗歌写于艾青"归来"后的是（　　　）。

A.《我爱这土地》

B.《太阳的话》

C.《雪落在中国的土地上》

D.《光的赞歌》

阅读正当时：正文部分

一、作家作品

1. 艾青，原名蒋正涵，号海澄，浙江金华人，_____文学史上的著名诗人。

2. 艾青第一次用"艾青"这一笔名发表的长诗是_____。

3. 1985 年，艾青获得_____，这是中国诗人得到的第一个国外文学艺术的最高级大奖。

4. 艾青的长诗_____和_____，借歌颂太阳、索求火把，表达了驱逐黑暗、坚持斗争、争取胜利的美好愿望，诗人也因此被称为"太阳与火把"的歌手。

5. 下列选项中，不属于艾青作品的一项是（　　　）。

A.《光的赞歌》

B.《黎明的通知》

C.《礁石与灯标》

D.《鱼化石》

二、内容理解

1. "雪落在中国的土地上 / 寒冷在封锁着中国呀……"出自艾青作于

二十世纪三十年代的诗歌《雪落在中国的土地上》，这一时期他的诗歌总是充满"土地的忧郁"，多写国家民族的_____。

2."但你是沉默的，/ 连叹息也没有，/ 鳞和鳍都完整，/ 却不能动弹；// 你绝对的静止，/ 对外界毫无反应，/ 看不见天和水，/ 听不见浪花的声音。"

以上文字出自《艾青诗选》中的_____，表达了诗人_____

_____。

3."北方是悲哀的 / 而万里的黄河 / 汹涌着混浊的波涛 / 给广大的北方 / 倾泻着灾难与不幸；/ 而年代的风霜 / 刻划着 / 广大的北方的 / 贫穷与饥饿啊。"

以上文字出自《艾青诗选》中的_____，全诗抒发了诗人的_____。

4."夕阳把草原燃成通红了"这句诗出自艾青的短诗_____，该诗具有鲜明的色调，清晰的线条，素描一般的简练、凝重，体现了艾青诗歌创作_____的特点。

5.二十世纪三十年代，是艾青诗歌创作的高峰时期。这一时期，艾青诗歌中的主要意象是_____和_____。

6."今天我看到雪使我想起了你：/ 你的被雪压着的草盖的坟墓，/ 你的关闭了的故居檐头的枯死的瓦菲，/ 你的被典押了的一丈平方的园地，/ 你的门前的长了青苔的石椅"。诗中的"你"指的是（　　）

A.艾青　　B.大堰河　　C.祖国　　D.土地

7.对《我爱这土地》的赏析，不恰当的一项是（　　）

假如我是一只鸟，/ 我也应该用嘶哑的喉咙歌唱：/ 这被暴风雨所打击着的土地，/ 这永远汹涌着我们的悲愤的河流，/ 这无止息地吹刮着的激怒的风，/ 和那来自林间的无比温柔的黎明……/——然后我死了，/ 连羽毛也腐烂在土地里面。// 为什么我的眼里常含泪水？/ 因为我对这土地爱得深沉……

A.诗人未用"珠圆玉润"之类词语而用"嘶哑"来形容鸟儿鸣唱的歌喉，使人体味到歌者经历的坎坷、悲酸和执着的爱。

B.关于"土地""河流""风""黎明"的一组诗句，抒写了大地遭受的苦难、人民的悲愤和激怒、对光明的向往和希冀。

C."然后我死了，连羽毛也腐烂在土地里面。"这两句诗形象而充分地表达了诗人对土地的眷恋，而且隐含献身之意。

D. "为什么我的眼里常含泪水？因为我对这土地爱得深沉……"这两句诗中的"我"，指喻体"鸟"而不是指诗人自己。

8. "北方是悲哀的 / 而万里的黄河 / 汹涌着混浊的波涛 / 给广大的北方 / 倾泻着灾难与不幸; / 而年代的风霜 / 刻划着 / 广大的北方的 / 贫穷与饥饿啊。"

选自艾青的《_____》。

9. "大堰河，今天我看到雪使我想起了你: / 你的被雪压着的草盖的坟墓，/ 你的关闭了的故居檐头的枯死的瓦菲，/ 你的被典押了的一丈平方的园地，/ 你的门前的长了青苔的石椅，/ 大堰河，今天我看到雪使我想起了你。"

（1）以上文字选自艾青的成名作《_____》。

（2）以上文字中写了哪些意象？有什么作用？

10. 朗读下列诗句，用"/"画出句中停顿。

（1）假如我是一只鸟，我也应该用嘶哑的喉咙歌唱

（2）为什么我的眼里常含泪水？因为我对这土地爱得深沉……

11. 请写出《艾青诗选》中对你影响最深的三首诗歌。

12.《礁石》中的"含着微笑，看着海洋"有什么含义？

13. 名著猜一猜。

（1）咳，就在如此寒冷的今夜，/ 无数的 / 我们的年老的母亲 / 都蜷伏在不是自己的家里，/ 就像异邦人 / 不知明天的车轮 / 要滚上怎样的路程…… / ——而且 / 中国的路 / 是如此的崎岖 / 是如此的泥泞呀。

（2）但你是沉默的，/ 连叹息也没有，/ 鳞和鳍都整，/ 却不能动弹; // 你绝对的静止，/ 对外界毫无反应，/ 看不见天和水，/ 听不见浪花的声音。

请填出两首诗歌分别节选自艾青的哪两个篇目？

（1）出自艾青的《＿＿＿＿＿＿＿＿＿》。

（2）出自艾青的《＿＿＿＿＿＿＿＿＿》。

三、诗歌赏析

1. 阅读下面的文字，完成后面的题目。

它以难遮掩的光芒
使生命呼吸
使高树繁枝向它舞蹈
使河流带着狂歌奔向它去

当它来时，我听见
冬蛰的虫蛹转动于地下
群众在旷场上高声说话
城市从远方
用电力与钢铁召唤它

诗中的"它"指的是＿＿＿＿，本诗蕴含着诗人艾青对＿＿＿＿的向往和追求。

2. 阅读下面的诗歌，完成下面题目。

礁石

一个浪，一个浪
无休止地扑过来
每一个浪都在它脚下
被打成碎沫，散开……

它的脸上和身上
像刀砍过的一样
但它依然站在那里

含着微笑，看着海洋……

（1）全诗采用了什么写作手法？

（2）请从内容和形式上分析本诗的特点。

3. 阅读下面的诗歌，完成下面题目。

树

一棵树，一棵树
彼此孤立地兀立着
风与空气
告诉着它们的距离

但是在泥土的覆盖下
它们的根伸长着
在看不见的深处
它们把根须纠缠在一起

【注】本诗写于抗日战争最艰苦的阶段。

（1）关于这首诗的理解和分析，不正确的一项是（　　　）。

A. 这是一首托物抒情诗，诗歌以点带面，小中见大，在冷静的客观描述中寄寓了丰富的思想内容。

B. "风与空气/告诉着它们的距离"运用了拟人的修辞，把一种看不见、摸不着的关系写得生动感人，而且人格化了。

C. 这首诗主要运用比喻的修辞手法，写地面上树的间隔、地面下根的纠缠，体现了革命者的心紧密相连的特点。

D.这首诗运用了象征的手法，用树的生存景观象征了当时的社会景观，两种景观相通的纽带是表面上孤立兀立，实质上团结一致。

（2）小州读了《艾青诗选》中的《树》，写了一段读书笔记，请你根据诗意把它补充完整。

初读诗歌《树》，觉得是一首写景状物诗，描写根须缠在一起，树干彼此独立的两棵树。再读诗歌发现，虽然从表面看，树与树之间没有联系，但"在泥土的覆盖下"，根须是纠缠在一起的，这就给我们启示：①_____。第三遍读诗歌，我先了解了诗歌的背景：当时抗日战争正处于艰苦的相持阶段，尽管过去有外国人侮辱中华民族是"一盘散沙"，但诗人意识到民族的觉醒已经到来。所以，我觉得这首诗歌的深刻主题应该是：②_____。

整书思考：阅读分享

1. 请你选一首你最喜欢的艾青诗歌，说一说喜欢的理由。
我喜欢艾青的：
理由是：

2. 徐志摩有着完全诗意的信仰，让他最终等到了彩虹；保尔有着为人类解放而斗争的信仰，使他成为钢铁战士。信仰是人永恒的精神支柱。

你从《艾青诗选》里读出了怎样的信仰？请结合名著的特点和相关内容，简要阐述你如何读诗。

中考试题及分析

一、中考试题

（一）填空题

【2022 四川广安】

九年级二班最近开展了名著阅读活动。同学们阅读名著后，从图书馆或网上搜集了一些资料，分小组对不同的作品进行了探究：

第一小组举行了关于《艾青诗选》的问答赛。

问题一：二十世纪三十年代，艾青诗歌的主要意象是"_____"和"太阳"；

问题二：艾青的成名作是《_____》。

（二）选择题

1.【2019 浙江杭州】

根据你对艾青诗歌的了解，选出不是评论艾青诗歌的一项是（　　）。

A. 这是一首长诗，用沉郁的笔调细写了乳娘兼女佣（"大堰河"）的生活痛苦……我不能不喜欢《大堰河》。——茅盾

B. 归真返璞，我爱好他的朴素、平实，爱读他那用平凡的语言，自由的格式，不事雕琢地写出的激动人心的诗篇。——唐弢

C. （他的诗）把我们从怀疑、贪婪的罪恶的世界，带到秀嫩天真的儿童的新月之国里去……它能使我们在心里重温着在海滨以贝壳为餐具，以落叶为舟，以绿草上的露点为圆珠的儿童的梦。——郑振铎

D. 在国难当头的年代，诗人歌唱"土地"具有格外动人的力量，而诗人那种不断转折和强化的抒情方式，当然也是和充满险阻坎坷的时代相吻

合的。——孙光萱

2.【2022湖北十堰】

下列关于名著阅读、文学及文化常识的表述不正确的一项是（　　　）。

A.《我爱这土地》选自《艾青诗选》，这首诗表达了华夏儿女对祖国最真挚的爱。

B.铭，古代刻在器物上用来警诫自己或者陈述功德的文字，后来成为一种文体。

C.明末清初小说家施耐庵的《水浒传》，是一部以北宋末年宋江起义为题材的长篇白话小说。

D.韩愈字退之，世称"韩昌黎"，唐代文学家、思想家、教育家，"唐宋八大家"之一。

（三）综合分析题

1.【2022江苏扬州】

【美的体验】从下列三则片段中任选一则，结合内容，自选角度（如形象、情感等），说说你从中获得的"美"的感受。

片段一：

"还有一件要紧的小事情：信封上的字别太大，把整个封面都占满了；两次来信，一封是路名被邮票掩去一部分，一封是我的姓名被贴去一只角。因为信封上实在没有地方可贴邮票了。你看看我给你的信封上的字，就可知道怎样才合适。"

（摘自《傅雷家书》，1954年9月4日傅雷给傅聪的信）

片段二：

"坐了半日，日色已经西斜，只见两个挑粪桶的，挑了两担空桶，歇在山上。这一个拍那一个肩头道：'兄弟，今日的货已经卖完了，我和你到永宁泉吃一壶水，回来再到雨花台看看落照！'"

（摘自《儒林外史》第二十九回《诸葛佑僧寮遇友　杜慎卿江郡纳姬》）

片段三：

"我怀念那：/ 同着伙伴提了篾篮 / 到田堤上的豆棚下 / 采撷豆荚的美好的时刻啊——/ 我常进到最密的草丛中去，/ 让露水浸透了我的草鞋，/

泥浆也溅满我的裤管，／这是自然给我的抚慰，／我将狂欢而跳跃……"

（摘自《艾青诗选·黎明》）

2.【2022 山东聊城】名著阅读。

作品名称	选段
《大堰河——我的保姆》	①你用你厚大的手掌把我抱在怀里，抚摸我； 在你搭好了灶火之后， 在你拍去了围裙上的炭灰之后， 在你尝到饭已煮熟了之后， …… 在你拿起了今天的第一颗鸡蛋之后， 你用你厚大的手掌把我抱在怀里，抚摸我。
《红星照耀中国》	②"传说 A 用一把菜刀在湖南建立苏区。"…… "虽然 A 性格很急躁，但是他很谦虚。他参加共产党后，一直忠于党，从来没有违反过党的纪律。他总希望别人提出批评，留心听取意见。他的妹妹很像他，个子高大，是个大脚女人。她领导红军作战——还亲自背伤员。他的妻子也是如此。"

（1）选段①的作者是_____，抒发了对大堰河_____的情感。

（2）选段②中的 A 是谁？概括出他的形象。

3.【2022 江西】给艾青诗歌《刈草的孩子》做一个批注。

夕阳把草原燃成通红了。／刈草的孩子无声地刈草，／低着头，弯曲着身子，忙乱着手，／从这一边慢慢地移到那一边……

草已遮没他小小的身子了——／在草丛里我们只看见：／一只盛草的竹篓，几堆草，／和在夕阳里闪着金光的镰刀……

二、考点梳理

（一）文学常识

1. 1933年第一次用艾青的笔名发表长诗《大堰河——我的保姆》，感情诚挚，诗风清新，轰动诗坛。

2. 艾青以其充满艺术个性的歌唱卓然成家，实践着他朴素、单纯、集中、明快的诗歌美学主张。

（二）诗歌理解

1. 艾青诗歌的中心意象是土地和太阳，请结合具体的诗歌，说说土地凝聚了诗人怎样的情感，太阳表现了诗人怎样的追求？

答："土地"这个意象，凝聚着诗人对祖国、人民以及对大地母亲深沉的爱，对祖国命运深沉的忧患意识。（《我爱这土地》等）"太阳"的意象表现了诗人对于光明、理想、美好生活热烈的不息的追求。（《向太阳》和《黎明的通知》等）

2. 艾青早期诗歌艺术最显著的特征是什么？

答：艾青早期的诗歌，注重通过描写具体可感的事物来引起感觉、发挥联想、捕捉和选择意象以凝结成形象，形成了他早期诗歌艺术最显著的特征之一。

3.《大堰河——我的保姆》中大堰河是谁？诗人在诗歌中抒发了怎样的感情？

答：大堰河是诗人的乳母。诗人通过对自己的乳母的回忆与追思，抒发了对贫苦农妇大堰河的怀念之情、感激之情和赞美之情，从而激发了人们对旧中国广大劳动妇女悲惨命运的同情，对这"不公道的世界"的强烈仇恨。

4."活着就要斗争，/在斗争中前进，/当死亡没有来临，/把能量发挥干净。"——《鱼化石》。这里诗人借助鱼化石的什么特点？表达了自己怎样的感情？

答：鱼化石的特征：尽管鳞和鳍都完整，埋在岩石里的鱼却无法动弹，只有沉默和绝对的静止。

这四句诗表达了诗人劫后归来，重整旗鼓的革命热情。

5.“然后我死了，/连羽毛也腐烂在土地里面。// 为什么我的眼里常含泪水？/因为我对这土地爱得深沉……"——选自《我爱这土地》。试分析此节中诗人如何将全诗推向高潮？

答：诗人笔锋一转，由上文对歌唱者动态的描述，转而对“我”进行了一个近镜头的特写。这是以设问的方式进行的。“为什么我的眼里常含泪水”，“眼里常含泪水”这样一个静态的特写，表现了悲愤痛苦的情感恒久萦绕于“我”的心中。“因为我对这土地爱得深沉”，诗人目睹了山河破碎、生灵涂炭的现实，对祖国爱得愈深，心中的痛苦也愈强烈。

最后两句一问一答，诗人由借鸟抒情转入直抒胸臆，“为什么我的眼里常含泪水？因为我对这土地爱得深沉”，太“深沉”太强烈的土地之爱，已使诗人难以诉诸语言，只能凝成晶莹的泪水。“深沉”一词也许达不到与实际感情相应的表达强度，于是，其后紧跟的一个沉重的省略号，似乎涌动着潜流地火般的激情，更为沉重地叩击着读者的心房，激起读者持续的共鸣。全诗在这问答中达到高潮，那炽热、真挚的爱国情怀，留下不尽的余韵。

6. 艾青诗歌表现的主题是什么？

答：爱国主义。

参考答案

整本书阅读练习

阅读准备：动动手

1. D。现代诗形式自由，意蕴丰富，意象经营重于修辞运用，与古诗相比，虽都为感于物而作，都是心灵的映现，但其完全突破了古诗"温柔敦厚、哀而不怨"的特点，更加强调自由开放和直率陈述与进行"可感与不可感之间"的沟通。

2. 徐志摩——《再别康桥》

艾青——《我爱这土地》

郭沫若——《炉中煤》

胡适——《两只蝴蝶》

戴望舒——《雨巷》

3. B。中国第一部白话诗集是胡适的《尝试集》。

4. 土地 太阳 太阳 火把

5. "土地"这个意象，凝聚着诗人对祖国、人民以及对大地母亲深沉的爱，对祖国命运深沉的忧患意识。比如《我爱这土地》说土地正遭受着暴风雨的打击，象征着祖国面对的苦难；而鸟象征着诗人，鸟儿的眼泪为土地而流，生命为土地做贡献，就是表达对祖国的爱。"太阳"是一种新生活、新时代的象征，比如在《太阳》中，诗人对太阳的歌颂，表达了诗人对于光明、理想、美好生活热烈的不息的追求。

6. D。《光的赞歌》写于1978年，是诗人艾青的作品，发表于1979年1月号的《人民文学》上。

阅读正当时：正文部分

一、作家作品

1. 中国现当代

2.《大堰河——我的保姆》

3. 法国文学艺术最高勋章

4.《向太阳》《火把》

5. C。《礁石与灯标》是当代诗人舒婷创作的诗歌。

二、内容理解

1. 苦难、悲伤与反抗

2.《鱼化石》 对生命本质的思考

3.《北方》 爱国主义情感

4.《刈草的孩子》 诗中有画

5. 土地 光明

6. B。诗人在狱中看到窗外大雪，触景生情，以第一人称口吻，追述了大堰河勤劳善良、为生活奔忙而受尽苦难的一生。

7. D。因为从这句开始，那个比喻性的"假如"已经不存在了。"我"不再是假设的"鸟"，而是真实地抒情主人公自己。

8. 北方

9.（1）大堰河——我的保姆

（2）写了雪、坟墓、瓦菲、园地、石椅这些意象；这些意象让人感觉很悲伤，透露出"我"对大堰河的愧疚。

10.（1）假如／我是一只鸟，我也应该／用嘶哑的喉咙／歌唱

（2）为什么／我的眼里／常含泪水？因为／我对这土地／爱得深沉……

11. 答案示例：任选三个即可。如:《大堰河——我的保姆》《我爱这土地》《北方》《他死在第二次》《向太阳》《旷野》《反法西斯》《吴满有》《黎明的通知》《愿春天早点来》《雪里钻》《献给乡村的诗》《走向胜利》《欢呼集》《宝石的红星》……

12. 答案示例：显然，此诗咏礁石，并非以咏礁石为目的，而是借咏礁石而咏人抒怀。诗中的形象具有象征意义。像礁石"无休止地扑过来"的浪，象征着迫害他人的人；而伤痕累累，却依然挺立，"含着微笑，看着海

洋"的礁石，则象征着坚韧不拔、乐观自信的人们。诗的第二节，呈现在读者面前的是两幅对立的画面。一幅是礁石浑身伤痕累累，"像刀砍过的一样"；另一幅则是礁石"但它依然站在那里／含着微笑，看着海洋……"画面之间，对照鲜明。这里，借助"站""含着微笑"等诗语，赋予礁石生命，使之人格化，并将其长期受到迫害却依然坚强不屈、乐观自信的精神形象生动地表现了出来。

13. 雪落在中国的土地上　鱼化石

三、诗歌赏析

1. 太阳　光明（或未来）

2.（1）象征的写作手法：表面上，诗人礼赞礁石，实则礼赞了一种在磨难面前乐观、自信的人格，礼赞了坚强、豁达、无畏的民族精神。

（2）内容上：诗歌采用了一种具体可感的形象表现了一种刚毅的精神；不具体描形而是重在绘神，写出了一种永存的景象；诗重点使用拟人手法，意蕴回味悠长。形式上：节律自由、灵活。

3.（1）C。"主要运用比喻的修辞手法"错，主要是象征手法。用树的生存景观象征了当时的社会景观，两种景观相通的纽带是表面上孤立兀立，实质上团结一致。

（2）①认识事物有时不能只看表面，还要看根本。②赞美中华民族紧密团结、英勇顽强的精神。解析：根据"虽然从表面看，树与树之间没有联系，但'在泥土的覆盖下'，根须是纠缠在一起"，应是认识事物有时不能只看表面，还要看根本。根据"当时抗日战争正处于艰苦的相持阶段，尽管过去有外国人侮辱中华民族是'一盘散沙'，但诗人意识到民族的觉醒已经到来"，诗歌的主题应是赞美中华民族紧密团结、英勇顽强的精神。

整书思考：阅读分享

1. 本题考查学生阅读整理能力，言之有理即可。

答案示例：我喜欢艾青的《我爱这土地》，因为这首诗歌有着坚定的信念，昂扬的爱国主义情怀。但他的爱国情怀不是通过喊口号表达出来的，而是结合他生活的时代，还会回到历史中，让我们感受到中国过去辉煌历史的同时，感受当时落后挨打的时代，从而激发起来我们的爱国情感。

2. 以《艾青诗选》为例，阅读时，可以抓住重点意象进行精读，圈画出重点词句，细细品味诗歌的语言和情感，或者有感情地诵读，认真做好摘抄和批注，体会诗人的爱国情怀。如《我爱这土地》《复活的土地》《雪落在中国的土地上》等诗歌，以"土地"为主要意象，表达了诗人悲悯下层人民的困苦，忧伤祖国的命运，体现了他崇高的信仰。从作品中体会到了诗人对祖国和人民深沉的爱。

中考试题及分析

（一）填空题

问题一：土地

问题二：大堰河——我的保姆

（二）选择题

1.【2019 浙江杭州】

答案：C。这是郑振铎评价泰戈尔《新月集》的话。

2.【2022 湖北十堰】

答案：C。施耐庵是元末明初的小说家，而不是明末清初的小说家。

（三）综合分析题

1.【2022 江苏扬州】

片段一:《傅雷家书》：选段中，"一件要紧的小事""你看看我给你的信"等字眼，处处体现着傅雷作为一名父亲，对儿子细致入微的关心，严肃中透出亲切，深刻却不脱离日常，充满长者的人生智慧和经验，又饱含着父亲对儿子的殷切挂念，简短的一段话充满着"父爱"这一光辉的人性之美。

片段二:《儒林外史》第二十九回《诸葛佑僧寮遇友　杜慎卿江郡纳姬》:"两个挑粪桶的"，结束了一天的工作之后，打算去"永宁泉吃一壶水""回来再到雨花台看看落照"，粗俗劳累沉重的劳作，辛苦的日子。但有相契的友人，也有美好的生活，品茶、看落日。何等风雅，悠闲，这就是南京普通人淳朴的生活。这是真实、暖心又美好的。

片段三:《艾青诗选·黎明》：选段语言明丽潇洒，娓娓动听，"和小伙伴去采豆荚""露水浸透了我的草鞋"等画面，充满深情、充满生活气息，虽为诗歌，但却有散文的不加修饰的美，无须涂脂抹粉的本色，充满积极的生活气息。反映了当时处于黑暗之中的民众，对于黎明，对于光明的一种渴望。

2.【2022 山东聊城】

（1）艾青　感激、怀念

（2）贺龙；他的形象：智勇双全，性格急躁却很谦虚，忠于党，关爱战士。

3.【2022 江西】

答案示例：在对孩子这个主体意象进行描写时，诗人运用了"忙乱""慢慢地""小小的身子"等词语，写出孩子很小，小到身躯被麦子遮挡，还不会用镰刀，就担负起生活的重任，他们挥舞"闪着金光"的镰刀，不免让人揪心；"无声地刈草""闪着金光的镰刀"写出了孩子的坚忍和对生活的希望，这一切无不代表了在那个艰苦的年代人们生活的艰辛，象征着民族的苦难。

图书在版编目（CIP）数据

艾青诗选：导读 / 付天娇编著. -- 北京：作家出版社，
2023. 11

（分级阅读·中学生整本书阅读：微课导读版）
ISBN 978-7-5212-2425-2

Ⅰ. ①艾… Ⅱ. ①付… Ⅲ. ①艾青（1910-1996） -
诗歌评论 Ⅳ. ①I207.2

中国国家版本馆CIP数据核字（2023）第154600号

艾青诗选：导读

主　　编：	刘俐莉
编　　著：	付天娇
丛书策划：	郑建华　李　雯
责任编辑：	李　雯
特约编辑：	赵文文
装帧设计：	今亮後聲 HOPESOUND 2580590616@qq.com
出版发行：	作家出版社有限公司
社　　址：	北京农展馆南里10号　　邮　　编：100125
电话传真：	86-10-65067186（发行中心及邮购部）
	86-10-65004079（总编室）

E-mail:zuojia@zuojia.net.cn
http://www.zuojiachubanshe.com

印　　刷：	中煤（北京）印务有限公司
成品尺寸：	152×230
字　　数：	63千
印　　张：	4.5
版　　次：	2023年11月第1版
印　　次：	2023年11月第1次印刷
ISBN	978-7-5212-2425-2
定　　价：	12.00元